DIESES BUCH GEHÖRT:

www.ingramcontent.com/pod-product-compliance
Lightning Source LLC
Chambersburg PA
CBHW030016190526
45157CB00016B/2882
* 9 7 8 1 0 7 4 7 5 3 3 2 0 *